ALMA

ALMA
Alfredo Jurado

Colección
AÑO XXV
(10)

Ilustración de cubierta
texture-6029284

Pintura de la solapa
Enriqueta Sánchez Moreno

Diseño y maquetación
Detorres Editores

Calixto Torres, S.L.
|Sociedad Editora|
Calleja de los Afligidos, 2 ~ 14001 (Córdoba)
www.detorreseditores.es ~ ediciones@detorreseditores.es

Primera edición: abril de 2025

ISBN: 978-84-10279-29-2
Depósito Legal: CO 742-2025

Impreso en España
Impreso por La imprenta de los libros

ALMA

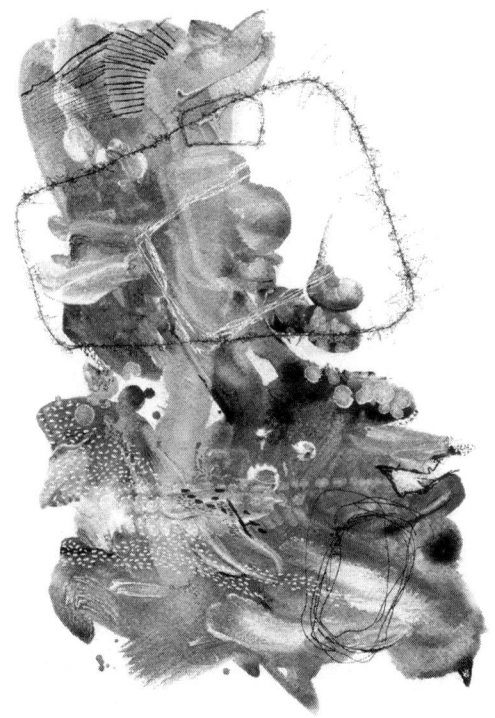

Alfredo Jurado

Año XXV
Colección de poesía

... buscarme habrás en ti

A María del Rocío y Teresa María,
la luz de mi horizonte.

Es el alma aquel don de aunar aliento y fuerza,
para hacernos patente la emoción, y el espíritu.
Samsara *(budismo)*

El alma es infinita, y consigue en su curso poseer otro cuerpo
al terminar la vida de aquel en que habitara.
Platón

El alma y la consciencia, se encuentran contenidas
en células cerebrales llamadas microtúbulos;
el alma nunca muere, regresa al universo.
Stuar Hameroff, Roger Penrose

I

COSMOGONÍA

GÉNESIS

Para la cosmogonía judeocristiana, el origen del Mundo está en el Génesis, primer libro de la Biblia que relata cómo Dios empezó a crear el mundo partiendo de la nada.

La teología cristiana utiliza el término *ex nihilo,* para sustentar la creación universal partiendo de la nada. El agente creador del mundo es Dios; Dios es aquella energía misteriosa que todo lo puede.

PRESENCIA DEL ALMA

En la mente le habita algún ángel celeste;
cierto ser de la luz,
en un lugar concreto urdido en voluntad
—cuando se alcanza el sueño—
se constata, al llegar con destello de un orbe;
se manifiesta al fondo de un espacio intangible.
Es así como intuye que existe su asistencia.

El corazón pervive al borde de algún ámbito
de inasible medida;
constante en sus latidos se nos hace presente
hasta un fondo inconcreto.

Constata que las sombras nos ejercen presencia
donde acaba la luz,
dando lugar con ello a cierto abismo
que incita los confines donde habita la mente.

Como el musgo que asciende por el muro
le asciende en la consciencia tal presencia;
aquella sensación que le traslada
hasta el espacio ingrávido al que accede
el credo ejercitado.

CON UN SOPLO DE VIDA

Tal vez sería un fluido, que nace desde dentro
— de un hontanar interno, que nos fue dado en gracia —
para aquel privilegio concedido,
aquel alma cedida a nuestro ser efímero,
nacida desde el soplo que nos diera la vida;
nos sería insuflada como gracia,
nos hizo valedores del Jardín del Edén.

Y fuimos elegidos
por la gracia del Ser que diera Credo al Mundo.
Y fuimos el latido, que nos dota
de aquella cualidad, que nos define
como seres distintos;
inestimable don, por el que lograríamos
la racionalidad de nuestro pensamiento,
el reconocimiento del espacio
que nos fue dado en gracia.

Alzados hasta el don de ostentar raciocinio,
se nos daba en consciencia la voluntad de ser;
cualidad de poder sentir que amamos,
el vigor que nos hace resistir en lo adverso,
la energía que lleva hasta lo transcendente.

ESPÍRITU CELESTE

Aunque te encuentres lejos,
te percibo presente;
sigues latiendo en mí.

Me dicen que en el pecho custodiamos
un hontanar de luz, una alfaguara viva
de la que mana siempre nuestra razón de ser;
allí se hace concreto nuestro espíritu,
como inasible don que nos convierte en seres
— Inefables a veces —
que acceden al espacio, transmutados en alma.

Transcender la exosfera con dos alas amplísimas,
puede ser el destino, que nos alce a la meta;
aquel espacio efímero, inasible,
de nuestros corazones, sin sus latidos físicos;
transcienden el espacio, se transforman en luz.

Ser solo sensación, nos marca una frontera;
con ello alcanzaríamos ser almas elegidas
que pueden transitar el intramundo.

DONDE HABITAN LOS ÁNGELES

Ciertos seres alígeros habitan el espacio,
transitan nuestra mente, nos ocupan el sueño.

Pulsaciones que fluyen de nuestro corazón,
inundan las arterias,
darán vida, con ello, a nuestro ser efímero;
lograremos así
alcanzar un estadio de paz en la consciencia.

Alzados a la gracia de la vida,
logramos con el alma el trayecto del tiempo,
esta vida valiosa que nos fue dada en tránsito;
somos los navegantes del bajel de los días,
tal vez los polisones de la nave que boga
por una mar océana transformada en espacio;
allí logran los astros un trayecto intangible.

En el cauce del alma, por el que transcurrimos,
nuestro ser se refleja
como el vuelo de un ánsar que transciende
el cielo primigenio,
para esta pleamar de las arterias,
que nos da su vigor.

La forma de unas alas nos nace de la espalda,
con ellas batiríamos espacios sin frontera.
No existirá el cansancio después del largo esfuerzo.
Probablemente nunca, podamos el regreso;
allí nos quedaremos *ad aeternum*.

EDÉN

Como algunas estrellas que rotulan
el cielo más lejano y se dispersan,
nuestra mirada pierde ese punto de inicio
desde el que zarparíamos,
hacia el espacio amplísimo.

Hemos levado el ancla, ...¿logrado un Tercer Cielo?
Perdida ya la brújula que nos daba horizonte;
nos sentimos materia que vuela hacia lo eterno.

ESPACIO

...Como seres alados que levitan
el espacio intangible, nos dejamos llevar
obre las aureolas.

Quizá nunca tengamos la posibilidad
de iniciar el regreso para reconciliarnos
con la duda del ser
que nos fue dado en prueba.

Me hablaron de los ángeles,
me dijeron que habitan por el espacio ingrávido;
tal vez aquella meta perseguida.

Ya no existen fronteras que acoten nuestros pasos;
¿podríamos ser seres que conforman al éter?,
tal vez aquellas almas elegidas,
elevadas, acaso, hasta la infinitud.

Nos ofrecen su ayuda ciertos seres alados,
ciertos seres azules que habitan en la cumbre
donde se eleva el templo de nuestros sentimientos;
nos señalan espacios en los que realizarnos.

Dicen que el alma escapa desde nosotros mismos,
ya concluido este ciclo,
igual que un ave fénix que comienza un regreso.

DIÁSTOLE DEL ALMA

Buscarme habrás en ti,
y si acaso consigo
lograr un nuevo espacio
donde poder asirme,
habré alcanzado el Reino;
podría ser el Reino
de aquel latir del alma,
aquel espacio místico
que me invade la mente.

Manifiéstate en mí,
pues en mí te preciso.

ORIGEN

Podría ser acaso mi morada,
esta morada amable que me presta acomodo,
la que me da acogida tras hallarme perdido.

Que ya nada me turbe los sentidos,
que ya nada me cambie llegado a este destino,
y pueda estar en mí el reino que concibo;
este reino de paz, que me concreta
la razón de existir. Este camino — extenso —
por el que transcender
                        hasta alcanzar un lejos.

KARMA

Cuando hurgues en tu adentro,
— en el templo del alma que te presta morada —
podrás abrir el libro de tus días,
ordenar sus versículos, conocer tu interior.

Bien podéis azotarme,
acaso someterme a algún castigo;
despojadme de aquellas posesiones
que pudiera acopiar para el transcurso
del trayecto emprendido.

El tramo del sendero que nos fuera prescrito,
no presenta fronteras ni límites algunos;
tampoco latitud,
pues acaso podría — tras la meditación —
ser yo mismo, el escriba de mi propio trayecto.

Dejadme libertad para entender
que todos los preceptos que me hicieron cumplir,
me dieron prevención; dieron la introspección
del espacio de paz que me motiva.

Permitid que me aleje de toda la inmodestia
que pudo seducirme; de la soberbia ingénita
que suele apoderarse de nuestro corazón;

de aquel ego infinito que puede hacerse dueño
de nuestro raciocinio.
Dejadme que en el alma se me aposte la paz.

No podré resarcir las cicatrices
que el tiempo fue dejando en la consciencia;
tampoco aquellas huellas marcadas en la piel
a golpe del flagelo de los años
que me dieran cumplir.

II

PRESENCIA DE LA LUZ

Quién pudiera, rubio Arcángel,
tener también unas alas
y volar, saber de auroras,
fundirme a la luz del alba.

Concha Lagos

REVELACIÓN

La figura de un ángel eleva la trompeta,
modulado su tono, se expande en el espacio
igual que una advertencia;
con ello se incitaba reflexión
de todo aquello, que pudimos errar.
Un tiempo de tiniebla que oscurece
y oculta el horizonte; un agujero negro
delimita el espacio mencionado en el Génesis;
aquel que pronunciara el profeta Joel.

El vuelo de una estrella nos dejaba su rastro;
nos inunda los ojos de estelas rutilantes,
marcará el universo con una cicatriz;
para la oscura noche de los cuerpos celestes,
de todas las galaxias que conforman el Cosmos.
Se abrirían, entonces, las cancelas
del arrepentimiento y la concordia;
darán paso a la vida,
paso, así, a la esperanza,
...o tal vez al abismo.

CONCORDIA

Se ha escondido la Luna,
premeditadamente oculta,
pues es noche profunda,
para un camino largo.

La mañana nos trae cierto helor de la escarcha;
una nutrida niebla lo difumina todo,
nos borra la distancia, el infinito espacio.
La luz permanecía detrás de aquel alfeizar;
el alféizar estrecho desde el que observo y pienso;
separado mi espacio de la extensión más amplia
se me ofrece un acceso hacia la infinitud.
Milagroso se hacía en la mirada,
pues los ojos pretenden discernir el camino
que solo se concreta para el alma.

Noviembre desnudaba mitológicamente
las tramas de los árboles, —los hacía temblar—
todos aquellos árboles
que nos marcan frontera en la mirada;
entonces se iniciaba aquel vuelo del ánima,
unida por simbiosis con nuestro corazón.

Tuve la sensación de ser un niño
que no encuentra el camino.

OFERTORIO

La lluvia y la ventisca
nos arañan la piel como lo hiciera un látigo,
cuando la amanecida se pronuncia en el lejos;
el crudo y largo invierno nos azota la espalda.

La luz de amanecida
describe la silueta de mi casa;
hacia ella me dirijo como un niño
que busca protección —desde su desamparo—.
Todos los sentimientos se postulan
lentos, fríos, me invaden.
Me forman un ovillo en la consciencia.

El vuelo inesperado de una avecilla blanca
—que predijo el profeta—
se posará en las ramas de algún olivo viejo;
aún persiste vivo sobre el monte y las piedras.
Sus troncos mitológicos resisten,
nos prestan el cobijo.

Alcanzo sensación
de que pudo haber sido —descendido a nosotros—
algún ángel alado que nos da su presencia.

TEMPLO DEL ALMA
(de mi madre en mí)

Derruido en la colina, abatido en el tiempo,
está el templo del alma,
santuario en los latidos de la sangre.

El viento abanicaba la floresta
de nuestros sentimientos,
hacía que cayeran prematuras
las hojas de las rosas de nuestro corazón.
El porche de la casa era un atrio de la paz,
mi entrañable cobijo; edén para el consuelo
del alma domeñada de la infancia,
pues en él me esperabas cada tarde
con toda la bondad de tu mirada amable.

Con gotas de la lluvia, practicaba abluciones;
me inundaban los ojos, me mojaban la cara,
la ropa, las sandalias.
En los ojos consigo diseñar el camino,
me lleva hasta tu encuentro.

El porche de la casa me da su protección
como un abrazo eterno, indispensable.

FE

No puede ser un ángel,
a su pesar, no puede,
aunque por sus espaldas
tuvo la sensación
de ostentar sendas alas;
las alas poderosas
que le alzaran en vuelo;
las alas que impulsaran
su cuerpo hasta la altura.

Qué inculpación aquella
que le impide el nirvana
de la mente y del alma;
cuál, que acaso le impide
elevarse en un vuelo,
para alcanzar las puertas
del templo prometido.

FUERZA

Se nos dijo que amar es aquel tránsito
que a veces alcanzamos en nuestro corazón;
allí la sangre fluye, persevera, su latido incansable.

Se me dijo que amar
es aquel tránsito
de nuestro corazón,
donde la sangre late
con fuerza desbocada.
Y también se me dijo
que las personas aman
porque en su pecho mana
una mar en potencia,
cuya fuerza infinita
transita las arterias;
genera en la inconsciencia,
el más amplio albedrío
que se pueda alcanzar.

¿Algún día tuvimos la consciencia
del estadio al que llaman
«amor que nos arrasa»?
No puedo asegurar que lo tuvimos,
no, que nos invadiera los sentidos,
ni tampoco en efecto,
que nos ardiera el alma.

SACERDOCIO
(en aquella memoria)

Como profeta hablaba de los *Signos Levíticos*
y del *Deuteronomio* que nos lleva
a la fe y la esperanza,
nacidas en los símbolos.

Nos dijo de Samaria, y de aquel pueblo errante
que no alcanza el reposo en su camino,
después de tantos siglos deambulando el desierto.

Vestía con rigor la sotana impoluta,
ejercita el dominio del breviario,
nos leía los salmos;
elevaba hasta el pecho
aquella mano mística, cuyo dedo extendido
ostentaba indicar un aleluya.
Larga botonadura, de color azabache
le da solemnidad; contiene en la mirada
dominio de la luz de la palabra.

> ...los vencejos encienden míticas letanías,
> nirvanan el espacio con los hilos del aire.

CONCILIO

Nos llevan hasta el lejos,
de las grullas que vuelan.

El meandro del agua, el brezo y la retama,
enhebran un rosario de abluciones,
sobre los dormideros, a la orilla del agua.
Ejercen oraciones las garcillas que vuelven;
el crepúsculo late,
con aquella liturgia de rezos a la tarde.

El silencio absoluto se extiende por el orbe;
ha pasado un muchacho —con libros bajo el brazo—
encamina sus pasos por la larga avenida
que conduce hasta tren de cercanías
que le lleva a su casa.

LIMBO

Y cuando ya borrado quede el cielo
detrás del horizonte, —como en la profecía—
quedaba la esperanza suspendida en el aire.
Un presagio de paz se insinúa en el orbe;
podría el corazón aquietar su diástole.
Consigue, así, el silencio más profundo
anidarse en el alma de las cosas humildes.

Se le cansan las piernas;
sin fuerza por cansancio,
su voz evocaría una plegaria.

¿Sabría distinguir que alcancé la frontera?
…Allí, pues sabe bien que allí,
se podría intuir cómo la paz
—de la que tanto hablara aquel profeta—
se abriría camino.
Nada será lo mismo, para siempre jamás.

MURO

Es el momento, entiendo de hurgar los intersticios
que atesora la mente, curar las cicatrices
que se fueron quedando
                    en nuestro corazón.

El tiempo entre nosotros se desliza;
como agua entre los dedos,
va dejando su huella inexorable;
nos cambia la silueta y nos abate,
nos hace semejantes
al barbecho esquilmado por la sed del estío.

Un canto mitológico
te arrastrará a la orilla de aquel cauce del río
que no lleva corriente;
te acercará hasta el orbe de algún lago,
allí la sed nos niega visión para los ojos.

                    Es el momento, acaso, de detener los pasos,
                    transitar el oasis, de los días vividos;
                    crear otro inventario.

ASCENSIÓN

Venid,
intentemos ascenso,
hagamos en equipo posesión
de las altas estrellas.
Alcancémoslas todas y adueñémonos
de una en una en los dedos,
pues somos multitud en este aforo
hermanos amadísimos;
seamos anfitriones en tal júbilo,
redimamos en ello nuestras almas,
como una imposición — que consumásemos —
para el confín del tiempo.
Venid,
no dilatad espera, vayamos al unísono,
pues aún es posible.

PREDILECCIÓN

Por un tiempo formábamos
parte de las tinieblas,
y anduvimos perdidos;
bogábamos confines muy remotos
del espacio más amplio.

Porque nos aferramos
ciegamente a la idea
de alcanzar ser oídos,
—y mantenernos firmes al propósito—
tuvimos una luz imaginada.

Alzados a tal gracia,
—a tan valiosa gracia—
nos hicimos abates
para la claridad de las auroras;
una paz inasible nos fue ocupando el alma.

Alcanzamos con ello,
hacernos robinsones
del fulgor del espacio.
Pámpanos predilectos para el Cáliz
del Edén anhelado.

DOXOLOGÍA

Por el culto constante
que profesó a la luz
le creyeron orate,
mas...
consiguió ser profeta.
Asumió un presbiterio
en el que se abrazara,
con toda la firmeza;
ascendió hasta un cenobio
con el fluido infinito
de la luminiscencia,
nacida de la arena
del extenso desierto.

Vivir, vivir, ...amar,
vivir y palpitar para sentir,
sentir necesidad de ser al aire;
sentir ser sangre verde,
la savia que transita por las copas
de los olivos bíblicos
que habitaban el Monte.

PROSCENIO

Si el alma le elevara,
como lo hace la luz de amanecida
por los valles amplísimos,
ya no precisaría las alas para el vuelo.
Sería su ostensorio el Sol en el levante,
el espacio un fanal donde no existe el aire;
su interior, Poseidón, de fúlgidas auroras,
sabría ensimismado levitar
en el perfil lejano de las constelaciones.

Una púrpura intensa me ilumina el camino,
una lluvia encendida me acota la mañana,
una espadaña aguda se clava en la mirada,
un espacio infinito me traslada
a un remoto lugar.

PEDESTAL

Si el dios de la mañana, nos hiciera partícipes
de su poder radiante, y nos condescendiese
con la paz infinita que atribuyó a los árboles,
podríamos optar al horizonte;
alcanzar el estado de algún limbo.

Se dice que allí existen ciertos seres
alzados a la gracia más preciada;
transcurren con sus vuelos los estadios
de alturas inasibles;
ya no motivo alguno para la rebeldía
que nos hizo insidiosos.
¿Habremos alcanzado el paradigma
que tanto codiciábamos?
El corazón pausado, de una infinita luz,
accedería alado sobre las aureolas;
allí no habrá camino que propicie el regreso.

INICIO

Se acumula en sus ojos una luz indecible;
ensimismado en ello, voló con sus dos alas
poderosas, y alcanza las alturas.
Después de largo tiempo sobre el vuelo
no descubre lugar en el que detenerse,
—y así, calmar la sed que se acumula—
vendría a su conciencia sensación de cansancio.

Voló perseverante la distancia infinita,
sobre su alzada pudo mantenerse en el vuelo,
dominar los abismos,
mantener referencia del punto de partida,
que luego fue perdido en la distancia.

En profusa cornisa consigue detenerse,
recuperar aliento.
Desde allí contemplara ciertos seres errantes,
moradores de un Limbo.

Quedaba confinado para siempre al espacio
que le prestó morada;
como un anacoreta se entregaba
por siempre a su propósito de ser y de sentir.

CEREMONIAL

Alguien posó su mano en mi cabeza,
y desde entonces pude saber que no tenía
motivo de temor;
aquella imposición me iluminó la mente,
me encendió los sentidos.

Me postraba a la luz, bajo los astros
Celestes del espacio;
laureado de tal, gracia me sentí predilecto
para aquel llamamiento, y bogué en una jábega
que me empujo hacia el alto confín del universo.

Un príncipe de luz
me aconsejó el camino,
me despejó la mente,
me regresó a los ojos.

INTROSPECCIÓN

Si tal vez fue judío, y así se constatara
—por alguien que creyera en la reencarnación—
no se avergüenza en ello,
ni pretende ocultarlo;
da fe de que su alma tiene la sed errante
de todos los caminos, y busca hacerse libre
como ave que transcienden fronteras al espacio.

Ciertos sueños trajeron claras premoniciones
con términos hebraicos; mensajes recibieron
de otra sabiduría;
le abocaron con ello hasta el profundo credo
de cierto aprendizaje.

Tal vez fue sefardita, venido al nacimiento
en la ciudad antigua de Corduba,
en Tarso de Cicilia,
o tal vez fue nacido en Gamaliel;
perseguido de muerte, y encadenado acaso,
con severos preceptos.

SAULO

El consejo de ancianos, le haría sacerdote
mensajero elegido para entregar legados,
que habrían de ofrecer a sus hermanos,
en puertas de Damasco;
una luz cegadora, de bruces le abocaba
a la arena desierta, dejándole con ello
perdida la visión; fuera su nombre entonces
denominado en Saulo.

Transcendida la puerta, que da acceso a intramuros,
el piadoso profeta le devolvió a los ojos,
la cordura esquilmada por aquella ceguera;
el éxtasis llegaba hasta su mente,
una paz sosegada a su palabra;
encontrada con ello, la vía de lo justo.

TESTIMONIO

Ya podréis azotarme, someterme a castigo,
acaso despojarme de todo sentimiento;
pueda, así, transformarme,
mutarme en farisaico, perceptor de la paz,
para que así mi alma prosiga su destino.

Desposeedme acaso, de toda libertad,
si no lo hube logrado,
aherrojadme al desierto nuevamente,
y dejad que la sed ponga fin a mis días.

CESÁREA

El Padre les anuncia que aquel templo
sería profanado; allí los mercaderes
practican la discordia;
Inculpados serían, y sobre sus espaldas,
sufrirán el castigo.

Asciende en el camino hasta Cesárea,
y allí descubre el mar en que sanarse.
Las llagas en los pies le marcan el dolor;
la sed le va inundando la garganta;
...se siente abandonado.

III

DIÁLOGO INTERIOR
(en mí, …para mí mismo)

Gocémonos, amado,
y vámonos a ver en tu hermosura
al monte y al collado
do mana el agua pura;
entremos más adentro en la espesura.

San Juan de la Cruz

CATARSIS

Acaso no sabremos en qué momento fuimos
moradores del tiempo que nos dio la Esperanza,
aquel trayecto largo que nos llevó a la Fe.
No a la fabulación con que convivimos
los instantes, los días, todas las estaciones
hasta alcanzado puerto;
no conjurar, acaso, desde nosotros mismos,
no salir de esta celda que nos presta cobijo.
Abocados estamos a erigirnos intérpretes
de una leyenda interna que fuimos concibiendo,
ser los protagonistas de tal épica mística
cuyos versos hexámetros nos lleve
hasta la introspección de la tristeza.
Acaso argumentario de un exilio interior;
elevados en vuelo, poder llegar a meta;
en tal vuelo ascender
como lo hacen las aves emigradas,
como hacen los arcángeles que fueran elegidos.

Sobrevolar los márgenes
del Río de la Tierra Prometida,
irrigar las arenas de aquel desierto amplísimo;
o alcanzar las orillas, donde habita las aves
en la extensa laguna que nos corta el camino;
concebir el espacio que nos lleve a la Luz.

EPIFANÍA

Hágasenos la luz…
y así quedaba hecha
como un legado bíblico
que nos fue concedido;
como cauce del alma,
como templo del alma,
como fluido del alma.

Alzados a tal Gracia
supimos del Amado,
de su luz protectora
que nos da plenitud.
Así sentirnos vivos,
como consecución
de amar y ser amados.

Para el recogimiento,
vino después la noche.
En ella alcanzaríamos
—arropados acaso
por su amable cenobio—
dicha consecución;
podríamos sentirnos
alzados a tal gozo,

desde la bendición
que nos concede
al Dios que idolatramos.

TAUMATURGIA

Entregados en alma
al Credo en que habitamos,
intuiremos camino.

Era un largo camino,
tan largo, que las piernas notarían cansancio;
era intensa la sed,
intensa en la garganta, abrasadora,
pues ni la lengua pudo pronunciar las palabras
que imploraran el verbo para poder saciarnos.

Yermos están los campo, reseca la rivera
del río que transcurre. Las orillas, las rocas,
manifiestas la sed del abandono.

No existe ya la vida, ya no fluye la luz,
no pálpito en el cardo y la retama,
no del tronco rugoso del olivo agotado,
no de los caminantes que transitan
por algún Vía Crucis que les fue encomendado;
no la corriente clara, de un Jordán
que baja resignado, la pendiente del valle.
Marchito el pentagrama para el canto del ave,
ya cansada la orilla del camino emprendido.

BUSCARTE HABRÁS EN MÍ

Es algún sentimiento indescifrado,
tal vez una indulgencia no lograda,
un ave misteriosa que anida en el espíritu,
aquella sinfonía que no halla partitura;
zéjel para el otoño de los años vividos,
tal vez es la campana que suena en la distancia,
un recuerdo furtivo que te inunda la mente,
el camino a la Gloria que describe el Profeta,
el Cántico Sagrado de nuestra advocación,
el sonido hechizado de un canto, una plegaria,
cierta luz infinita, que ilumina el destino.
Acaso es la fortuna que la edad te atribuye,
un Salmo imaginado que nace desde dentro,
una caricia viva que te ofrece la Fe,
el rezo de la voz de algún Profeta,
el Amor que huronea nuestros años más jóvenes,
tal vez aquella Ninfa que nos sirve de Oráculo,
el agua de una fuente que te calma,
la distancia que nace detrás de alguna esquina.

Tal vez encantamiento de algún Ser
que puedes ser en ti y estar contigo.

INTERLOQUIO

Tal vez nunca sabremos
en qué momento fuimos moradores
para el Segundo Cielo,
robinsones que exploran la luz de las auroras;
quizá somos las almas que buscan un destino,
— el espacio indecible de la luminiscencia —
o tal vez ser tan solo peregrinos
que conducen sus pasos al través de un desierto.
Polizones del tiempo terrenal
que nos fue dado en gracia.

Quizá no adivinemos
que el espacio inasible nos lleva hasta el encuentro
de una Vía de Luz entre la niebla,
para que así los ojos nos orienten
hasta alcanzar destino.

QUIEN ME PROTEJE

Hágasenos la luz…
y así quedara hecha, como un legado bíblico
que nos fue concedido, una tácita herencia
inherente en el ser, desde su concepción.

Habremos ideado nuestro ser
para este amor implícito
en el río del alma, en el cauce del alma,
para la fe que mueve las montañas.

Alcanzada tal gracia, sabremos del Amado,
practicado versículos de un credo,
que nos hizo creyentes,
y nos enriqueciera, con su Luz.
…¿Cómo poder amar, sin pedir nada?
No a la desolación, no ya la soledad
para este caminar que nos ocupa.

Para el recogimiento, vino después la noche;
igual que una laguna de agua dulce
amable nos invita, nos concede su seno;
en ella navegamos hasta alcanzar orilla,
entregados en causa
                    de su amable Cenobio.

EÚFRATES

Iniciados estamos a este Credo,
propiciado el camino por el que transcender.

Era un camino largo;
tan largo, que las piernas manifiestan cansancio.
Intensa era la sed —que sufriera David—
Reseca la garganta se enmudece,
pues la lengua no puede ni pronunciar el verbo
del fluido más sagrado.

No existen brotes verdes,
esquilmados los campos se postraban,
moribundo está el lecho del río a nuestro paso;
no pacen ya las reses que habitaban la orilla,
vacíos los esteros donde abundaban peces;
amenazado el orbe por la arena desierta.

No existe ya la vida,
no fluyen atarjeas, no frondosos los árboles
—de suculentos frutos— que ofrecieran
la sombra al caminante;
ya no aquella riqueza del huerto de Betania;
ausencia en la corriente de las aguas
bajadas desde el monte;
marchito, en consecuencia, el pentagrama
para el canto del ave, pues no hallará la fronda
donde alcanzar cobijo.

BUSCARME HABRÍA EN TI

En algún sentimiento indescifrable,
late mi corazón;
tal vez una indulgencia —no alcanzada—
me invade la consciencia, me aboca a la plegaria.

Me aletea en el alma una paloma en vuelo,
el corazón me anida,
y así puede elevarme hasta un templo de paz.

La armonía de un órgano me dice
que en sus entrañas vibra la presencia de Dios;
confirma que Él existe, se concreta
en tan bella armonía,
pues entonces el alma se dilata
como una nube blanca que creciera hasta Cielo.

Un texto vocativo —descrito en la vidriera—
me trae hasta los ojos la mística presencia
de algún ángel alado.
Se extienden por el orbe los acordes
de la antigua campana;
implícito atesoran los latidos del Alma.

IV
SOLILOQUIO

Cuando el Alma renace,
cuando nada me turba,
cuando todo se alcanza,
sé que nada me falta;
…mi casa me protege.

VENID

Venid hasta este espacio al que os invito,
este espacio de luz que tanto hube buscado,
este lugar guardado en el adentro.
Aquí la paz se viste de silencio
de reflexión, de gozo, de la contemplación;
y en él conseguiremos hacernos anfitriones
de un júbilo absoluto, que nos anida el alma.

Venid, hasta este espacio, que quiero compartir.
Venid hasta el umbral de esta morada;
no dilatad la espera —nuevamente lo imploro—,
con él os necesito.

RITUAL

Un príncipe de luz
me aconsejó el camino,
me despejó la mente,
me devolvió los ojos.

Consumado el trayecto
oscuro de la noche,
columbro en la distancia
una luz infinita
nacida en el espacio;
venía a mi ventana,
blanca como los pétalos
de una magnolia abierta.
Adentraba la paz
por la estrecha rendija,
me inundaba los ojos,
me colmaba de dicha.

REVELACIÓN

La figura de un ángel tocará la trompeta,
el vuelo de una estrella nos dejará su rastro,
marcará el horizonte como una cicatriz
para la oscura noche de los cuerpos celestes;
entonces se abrirían las cancelas
que dan paso a la vida, dan paso a la esperanza
…o tal vez al abismo.

TIERRA PROMETIDA

Es el momento, entiendo, de hurgar los intersticios
que atesora la mente, sortear sus abismos
cuestionarlos tal vez.
La historia se desliza como agua entre los dedos,
describe los capítulos que vamos reseñando
en las hojas rugosas de un cuaderno de notas.

Un canto de sirenas nos arrastra hasta el mar,
nos lleva hasta las puestas de algún lugar sagrado
a rebasar el margen de algún desierto inmenso,
a beber de las aguas de algún río
que anega los esteros de la tierra
que nos fue prometida.

ÍNDICE

ALMA

I ~ COSMOGONÍA

II ~ PRESENCIA DE LA LUZ

III ~ DIÁLOGO INTERIOR

IV ~ SOLILOQUIO

ALMA

de Alfredo Jurado

N.º 10 de la colección AÑO XXV

vio la luz

en abril de 2025

en Córdoba

Porque así lo siento... así lo escribo